食べたくなったら
すぐできる！

だいぼうかおり
Daibo Kaori

「ポリ袋」で簡単おやつ

PHP

はじめに

　市販のお菓子もいいけれど、シンプルな材料で、できたてのおいしさを味わえるのは、手作りのおやつならではだと思います。

　ただ、お菓子作りは道具をそろえる、時間がかかるなど、ハードルが高いと感じる方が多いかもしれません。

　忙しい日々の中でも、家族のために、自分のために、おいしい手作りおやつができたらと思い、ポリ袋で簡単に作れるおやつのレシピを考えました。

　ポリ袋を使うと道具が少なくすみ、とにかく片づけがラクチンです。
　手順も「振る」「混ぜる」「流し入れる」「焼く、蒸す、冷やす」とシンプル。
　マフィンやケーキ、クッキーから和風のおやつ、冷たいデザートまで、簡単ですが本格派なお菓子を紹介しています。

　短時間で完成するので、今日のおやつに間に合うのもうれしいポイントです。
　ぜひ、ポリ袋を使って気軽におやつを作ってみてください。

だいぼうかおり

洗い物が少ない

ポリ袋を使うと、驚くほど洗い物が少なくなります。ボウルや泡立て器にこびりついた粉汚れも気にする必要がありません。とにかく片づけがラクなので、忙しい方にもぴったりです。

特別な道具が いらない

ポリ袋があれば、道具がなくても、手作りおやつが簡単に作れます。ボウル、泡立て器、ゴムベラなどの役目をポリ袋がしっかり果たしてくれます。特別な道具はいりません。

ポリ袋を使うと 手作りおやつが こんなにラクチン！

手順がシンプル

ポリ袋で作る簡単おやつは、作り方の手順がシンプル。振って、混ぜて、焼く、蒸す、冷やすだけです。「今日のおやつは手作りにしよう！」と思い立ったときすぐにとりかかることができます。

作業時間が短い

ポリ袋で作る簡単おやつは、作業時間が短くてすみます。生地ができたらオーブンやガスコンロ、冷凍庫におまかせすれば、あっという間に完成。手間がかからないのに、できたてのおいしさを味わうことができます。

食べたくなったらすぐできる！
「ポリ袋」で簡単おやつ
もくじ

Part 1 マフィン＆ケーキ＆ケークサレ

Part 2 スコーン＆お手軽ブレッド

Part 3 クッキー＆クラッカー

Part 4 和風のおやつ

Part 5 冷たいデザート

◆ 本書の決まり

- レシピ内の大さじ1は15mL、小さじ1は5mLです。
- オーブンは加熱温度、加熱時間、焼き上がりが機種や熱源によって異なる場合があります。表示の時間を目安に、様子を見ながら加減してください。
- 電子レンジは出力500Wのものを使用しています。
- 調理時間は、参考としての目安です。
- 加える材料は温度や湿度の影響を受けやすいので、季節に合わせて調節しましょう。

ポリ袋でできること

① 振る　粉ふるい、ザルは必要なし!

約20秒間

50回以上

ポリ袋に粉類を入れて、袋の口を数回ねじってきっちり閉じる。底に手を添えながら、全体が混ざるように上下左右に振る。約20秒間、50回以上を目安に。粉類にかたまりがある場合は、袋の外から指でつぶす。

◆ 材料を入れて計量
デジタルスケールにボウルをのせてポリ袋をセット。目盛りを「0」にして材料を計量する。ボウルは袋を安定させるために使用。

◆ 空気を入れて振る
粉類がしっかり混ざるように、ポリ袋に空気を入れてハリをもたせるようにして閉じる。粉類が舞うように振る。

② 混ぜる　泡立て器、ゴムベラは必要なし!

上下左右に

数回ねじって

ⓐ　ⓑ

◆ 振り混ぜる
粉類を振ったあと、液体の材料をポリ袋に入れる。袋の口を数回ねじってきっちり閉じる。底に手を添えながら、全体が混ざるように上下左右に振り混ぜる。

◆ もみ混ぜる
ポリ袋の中の空気を抜いて口を数回ねじってきっちり閉じ（ⓐ）、全体がなめらかになるまで袋の外側からやさしくもみ混ぜる（ⓑ）。水分量が多いパウンドケーキなどはボウルに袋を入れてもみ混ぜると混ぜやすい（ⓒ）。

ⓒ

ポリ袋を使えば、特別な道具がなくても○Kです。ポリ袋でできることとそのポイントやコツを知っておくと、よりスムーズに作業を進めることができます。

③ まとめる　作業用のシートは必要なし！

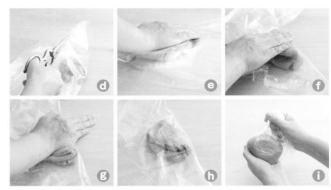

スコーンやクッキーの生地はもみ混ぜていくうちにポリ袋の中で自然とひとつにまとまる。袋の内側についた生地も袋の外側からもみ混ぜていくときれいに取れる。

◆ 生地を折り込み、均一にする

ポリ袋の2辺を切り開き（d）、生地を袋ではさみ、手で押しのばして（e）半分に折る（f）。向きを変え、同じようにのばして（g）半分に折る（h）。これを4〜5回くり返し、袋で包んで冷蔵庫で休ませる（i）。（スコーンやクッキーなど）

④ 流し入れる　ボウル、ゴムベラは必要なし！

◆ 袋の内側の生地をまとめる

ポリ袋の内側についた生地は袋の外側から指ではさみ、上から下に押し出すようにしてまとめる。

◆ ポリ袋の角をハサミで切る

絞り袋としても使えるポリ袋。袋の角をハサミで切って使う。

マフィンやケーキなどのゆるめの生地は、ポリ袋の角をハサミで切り、絞り袋のように流し入れる。絞り出す量を調節できる。アイシング（P.24）もポリ袋でできる。

基本の道具

おやつを作るときにそろえておきたい道具です。ポリ袋を使うことで、特別な道具は必要ありません。台所にあるいつもの道具で大丈夫です。

◆ ポリ袋

サイズは縦30×横25cm、「中」「Mサイズ」と表示されている一般的な食品用のものを使用。厚さは0.02mm以上のものを。

※「Part5 冷たいデザート」（P.90～95）の、袋で凍らせるスイーツは、ジッパー付き保存袋（縦20×横18cmくらいのMサイズ、厚さ0.06mm以上）を使用。

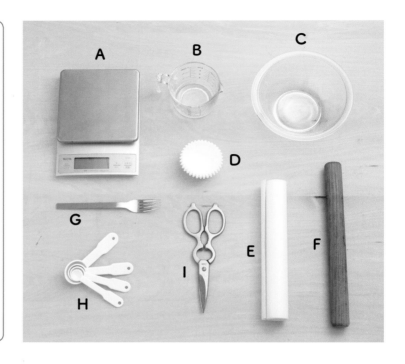

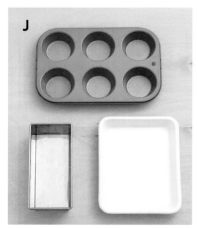

J. マフィン型、パウンド型、ホーローバット

マフィンやケーキを焼くときに使用。サイズはマフィン型（直径5cm）、パウンド型（縦17×横8×高さ6cm）、ホーローバット（縦20.5×横16×高さ3cm）。

A. スケール

デジタル表示のものがおすすめ。1g単位で正確に計測できる。

C. ボウル

直径15cmくらい。ポリ袋をかぶせて安定させるために使用。

E. オーブン用シート

加工された紙製シート。焼いた生地がくっつかないように型や天板に敷く。

G. フォーク

タルト生地など、フォークで均一に空気穴を開けて底の膨らみを抑える。

I. キッチンバサミ

ポリ袋やオーブン用シートを切るときに使用。

B. 計量カップ

液体材料を混ぜるときに使用。1カップ（200mL）以上量れる耐熱性のものが便利。

D. グラシンカップ

マフィン型に入れて焼き、生地がくっつかないようにする。

F. めん棒

タルト、ピザなどの生地をのばすときに使用。

H. 計量スプーン

少量の粉類を量るときに使用。大さじは15mL、小さじは5mL。小さじ1/2、1/4があると便利。

基本の材料

本書のレシピで使用した基本となる主な材料です。手に入りやすいもの、お手元にあるもので気軽に作ってみてください。

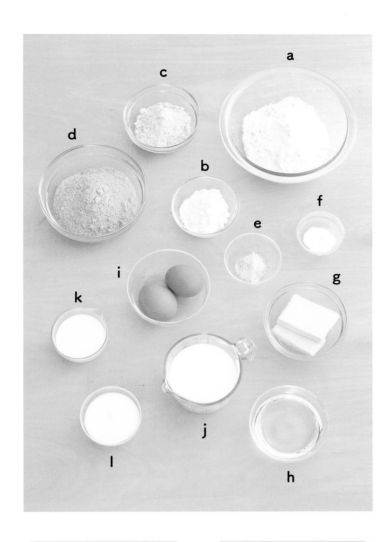

a. 薄力粉

お菓子作りに欠かせない粉。グルテンが少なくふんわりとした生地になる。本書では国産のものを使用。

b. 強力粉

グルテンが多く、弾力性のある生地になる。強さを持たせたいピザ生地などに使用。

c. アーモンドパウダー

アーモンドを粉状にしたもの。ナッツの風味やコクが加わりリッチな味わいに。

d. きび砂糖

まろやかで自然な甘みがあるきび砂糖を使用。グラニュー糖、上白糖、三温糖などお好みのものでOK。

e. 塩

ほんの少し塩を加えると甘いお菓子の味が引き締まる。

f. ベーキングパウダー

焼き菓子をふっくら膨らませるための膨張剤。アルミニウム不使用のものが安心。

g. バター

食塩不使用のものを使用。バターを植物油に置き換えても作れる。

h. 植物油

本書ではべに花油を使用。サラダ油、菜種油など、クセのないお好みの油を。

i. 卵

卵はMサイズ（目安の重量は正味約50ｇ）を使用。

j. 牛乳

成分無調整のもので、適度なコクがあるものを。

k. 生クリーム

純動物性脂肪で乳脂肪分45％以上のものを使用。

l. ヨーグルト

無糖のプレーンタイプを使用。

Part 1

マフィン＆ケーキ＆ケークサレ

焼きっぱなしのお菓子は、手順がシンプルなので初心者でも簡単に作れます。
甘い香りが部屋中に広がって幸せなおやつタイムが待っています！

プレーンマフィン

何個でも食べられそうな、しっとりふわふわなマフィン。甘さ控えめなので、ジャムなどと一緒にいただいても変化を楽しめます。

材料 （直径5cmのマフィン型6個分）

A
- 薄力粉 ……………………… 120g
- きび砂糖 …………………… 60g
- ベーキングパウダー
  …………………… 小さじ1（4g）
- 塩 ………………………… ひとつまみ

B
- バター（食塩不使用）……… 60g
- 卵 …………………………… 1個
- 牛乳 ………………………… 50g
- プレーンヨーグルト（無糖）
  ……………………………… 20g

（下準備）
● バターは溶かしバターにする。
● 卵、牛乳は室温に戻す。
● マフィン型にグラシンカップを敷く。
● オーブンを180℃に温める。

ポイント

＊溶かしバターの作り方
耐熱容器に小さく切ったバターを入れ、ラップをせずに電子レンジで約1分加熱。ときどき容器をゆするか中を混ぜながら加熱します。溶けない場合は様子を見ながら加熱を10秒ずつ追加、バターの分量に合わせて加熱時間を調節してください。

作り方

1 ポリ袋にAを入れる。袋の口をねじってきっちり閉じ、全体が混ざるようによく振る。

2 しっかり混ぜ合わせたBを加え（ⓐ）、袋の口をねじってきっちり閉じ、振り混ぜて全体をなじませる（ⓑ）。

3 袋の中の空気を抜いて口をねじってきっちり閉じ、全体がなめらかになるまで袋の外側からもみ混ぜる（ⓒ）。

4 袋の角をハサミで切り（ⓓ）、生地を型に均等に入れる（ⓔ）（ⓕ）。

5 180℃のオーブンで15〜18分焼く。

保存期間：密閉容器に入れて常温で**3〜4**日

りんごと紅茶のマフィン

調理時間 15〜20分（焼き時間を除く）

りんごは生地に練り込んだ甘みとトッピングの甘酸っぱさが、紅茶の香りを引き立てます。

材料 （直径5cmのマフィン型6個分）

- 薄力粉 ……………………… 120g
- A
  - 紅茶（ティーバッグ）
    - ……………………… 2袋（4g）
  - きび砂糖 …………………… 60g
  - ベーキングパウダー
    - ……………………… 小さじ1（4g）
  - 塩 …………………… ひとつまみ
- B
  - 植物油 ……………………… 60g
  - 卵 ……………………………… 1個
  - 牛乳 ………………………… 50g
  - プレーンヨーグルト（無糖）
    - ……………………………… 20g
- りんご ……………………… 小½個

（下準備）

- 卵、牛乳は室温に戻す。
- りんごはしっかり洗って皮ごと5mm角くらいに切る。
- マフィン型にグラシンカップを敷く。
- オーブンを180℃に温める。

作り方

1. ポリ袋にAを入れる。袋の口をねじってきっちり閉じ、全体が混ざるようによく振る。

2. しっかり混ぜ合わせたBを加え、袋の口をねじってきっちり閉じ、振り混ぜて全体をなじませる。

3. 袋の中の空気を抜いて口をねじってきっちり閉じ、全体がなめらかになるまで袋の外側からもみ混ぜる。

4. 袋の角をハサミで切り、半量の生地を型に均等に入れ、半量のりんごを均等に入れる（ⓐ）。残りの生地を均等に入れ、残りのりんごを均等に差し込む。

5. 180℃のオーブンで15〜18分焼く。

保存期間：密閉容器に入れて常温で **2〜3**日

ポイント

紅茶葉を使うときやティーバッグの茶葉が粗いときは、すりこぎなどで細かくするか包丁で細かく刻みましょう。

ⓐ

チョコのマフィン

作り方▶P.16

抹茶とホワイトチョコのマフィン

作り方▶P.17

チョコのマフィン

調理時間 **10〜15**分（焼き時間を除く）

砕いた板チョコを上下にトッピングして、しっとりした中にリッチなチョコ味をきかせます。

材料 （直径5cmのマフィン型6個分）

A
- 薄力粉 ……………………………… 110g
- ココアパウダー …………………… 10g
- きび砂糖 …………………………… 60g
- ベーキングパウダー
  …………………………… 小さじ1(4g)
- 塩 ……………………………… ひとつまみ

B
- バター（食塩不使用）……… 60g
- 卵 ……………………………… 1個
- 牛乳 …………………………… 50g
- プレーンヨーグルト（無糖）
  …………………………………… 20g

板チョコレート（ビター）……… 30g

（下準備）
- バターは溶かしバターにする（P.11参照）。
- 卵、牛乳は室温に戻す。
- 板チョコレートは手で小さく割る。
- マフィン型にグラシンカップを敷く。
- オーブンを180℃に温める。

作り方

1 半量のチョコレートを型に均等に入れる（ⓐ）。

2 ポリ袋にAを入れる。袋の口をねじってきっちり閉じ、全体が混ざるようによく振る。

3 しっかり混ぜ合わせたBを加え、袋の口をねじってきっちり閉じ、振り混ぜて全体をなじませる。

4 袋の中の空気を抜いて口をねじってきっちり閉じ、全体がなめらかになるまで袋の外側からもみ混ぜる。

5 袋の角をハサミで切り、生地を型に均等に入れる。残りのチョコレートを均等に差し込む（ⓑ）。

6 180℃のオーブンで15〜18分焼く。

保存期間：密閉容器に入れて常温で **3〜4**日

抹茶とホワイトチョコのマフィン

調理時間 10〜15分（焼き時間を除く）

抹茶のほろ苦さとホワイトチョコのクリーミーな甘さが相性抜群です。

材料 （直径5cmのマフィン型6個分）

- A
  - 薄力粉 …………………… 110g
  - 抹茶 ………………………… 5g
  - きび砂糖 …………………… 60g
  - ベーキングパウダー
    ………………… 小さじ1（4g）
  - 塩 ………………… ひとつまみ
- B
  - 植物油 ……………………… 60g
  - 卵 …………………………… 1個
  - 牛乳 ………………………… 50g
  - プレーンヨーグルト（無糖）
    …………………………… 20g
- 板チョコレート（ホワイト）
  …………………………… 30g

（下準備）
- 卵、牛乳は室温に戻す。
- 板チョコレートは手で小さく割る。
- マフィン型にグラシンカップを敷く。
- オーブンを180℃に温める。

作り方

1. 半量のチョコレートを型に均等に入れる。

2. ポリ袋にAを入れる。袋の口をねじってきっちり閉じ、全体が混ざるようによく振る。

3. しっかり混ぜ合わせたBを加え、袋の口をねじってきっちり閉じ、振り混ぜて全体をなじませる。

4. 袋の中の空気を抜いて口をねじってきっちり閉じ、全体がなめらかになるまで袋の外側からもみ混ぜる。

5. 袋の角をハサミで切り、生地を型に均等に入れる。残りのチョコレートを均等に差し込む。

6. 180℃のオーブンで15〜18分焼く。

保存期間：密閉容器に入れて常温で **3〜4**日

ポイント

抹茶にダマがあるときは、茶こしなどでふるってから入れてください。

パウンドケーキ

作り方▶P.20

ほうじ茶の
パウンドケーキ

作り方 ▶ P.21

パウンドケーキ

調理時間
10〜15分
（焼き時間を除く）

材料も作り方もシンプルな思い立ったらすぐできる、バターが香る定番ケーキです。

材料 （17×8×高さ6cmのパウンド型1台分）

- A ┌ 薄力粉 ……………………… 120g
- │ きび砂糖 …………………… 90g
- └ ベーキングパウダー
- …………………… 小さじ1（4g）
- バター（食塩不使用）………… 80g
- B ┌ 卵 ………………………… 2個
- │ 牛乳 ……………………… 40g
- └ ラム酒（お好みで）………… 少々

（下準備）
- ● バターは溶かしバターにする（P.11参照）。
- ● 卵、牛乳は室温に戻す。
- ● パウンド型にオーブン用シートを敷く。
- ● オーブンを170℃に温める。

作り方

1 ポリ袋に**A**を入れる。袋の口をねじってきっちり閉じ、全体が混ざるようによく振る。

2 バターを加え、袋の口をねじってきっちり閉じ、振り混ぜて全体をなじませた後、袋の外側からもみ混ぜる。

3 しっかり混ぜ合わせた**B**を半量加え、袋の中の空気を抜いて口をねじってきっちり閉じ、全体がなめらかになるまで袋の外側からもみ混ぜる。

4 残りの**B**を加え、もう一度袋の中の空気を抜いて口をねじってきっちり閉じ、全体がなめらかになるまで袋の外側からもみ混ぜる。

5 袋の角をハサミで切り、生地を型に入れる（**ⓐ**）。型ごと軽くトントンと落とし、大きな気泡を抜く。

6 170℃のオーブンで30〜35分焼く。焼き始めから10分後、オーブンからとり出し、包丁で縦中央に切り込みを入れる。

保存期間：密閉容器に入れて常温で 5〜6日

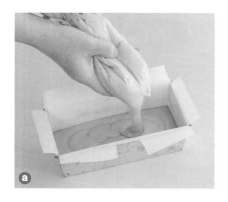

ポイント

生地の中の大きな気泡を抜くために、生地を型に入れたあと、作業台に10cmほどの高さから軽く落とします。

ほうじ茶のパウンドケーキ

調理時間 **10〜15**分 （焼き時間を除く）

ティーバッグを使って手軽にアレンジ！ ほうじ茶の香ばしさが口の中で
ふわっと広がります。

材料 （17×8×高さ6cmのパウンド型1台分）

A ┌ 薄力粉 ……………………… 120g
  │ ほうじ茶（ティーバッグ）
  │ ……………………… 2袋（4g）
  │ きび砂糖 ……………………… 90g
  │ ベーキングパウダー
  └ ……………………… 小さじ1（4g）
バター（食塩不使用）………… 80g
B ┌ 卵 ……………………… 2個
  └ 牛乳 ……………………… 40g

（下準備）

● バターは溶かしバターにする
  （P.11参照）。

● 卵、牛乳は室温に戻す。

● パウンド型にオーブン用シート
  を敷く。

● オーブンを170℃に温める。

作り方

1 ポリ袋にAを入れる。袋の口をねじってきっ
  ちり閉じ、全体が混ざるようによく振る。

2 バターを加え、袋の口をねじってきっちり閉
  じ、振り混ぜて全体をなじませた後、袋の外
  側からもみ混ぜる。

3 しっかり混ぜ合わせたBを半量加え、袋の中
  の空気を抜いて口をねじってきっちり閉じ、
  全体がなめらかになるまで袋の外側からもみ
  混ぜる。

4 残りのBを加え、もう一度袋の中の空気を抜
  いて口をねじってきっちり閉じ、全体がなめ
  らかになるまで袋の外側からもみ混ぜる。

5 袋の角をハサミで切り、生地を型に入れる。
  型ごと軽くトントンと落とし、大きな気泡を
  抜く。

6 170℃のオーブンで30〜35分焼く。焼き始
  めから10分後、オーブンからとり出し、包
  丁で縦中央に切り込みを入れる。

保存期間：密閉容器に入れて常温で **5〜6**日

ポイント

パウンドケーキをきれいに割れた焼き上が
りにするために、包丁で縦中央に切り込み
を入れます。

レモンのパウンドケーキ

作り方 ▶ P.24

バナナのパウンドケーキ

作り方▶P.25

レモンのパウンドケーキ

調理時間 **15〜20**分（焼き時間を除く）

レモンの皮をふんだんに使ったさわやかな酸味と甘みのパウンドケーキ。仕上げのアイシングはポリ袋で手軽に！

材料 （17×8×高さ6cmのパウンド型1台分）

- 薄力粉 ……………………… 120g
- A きび砂糖 …………………… 90g
- ベーキングパウダー
  …………………… 小さじ1（4g）
- 植物油 ……………………… 80g
- 卵 ……………………………… 2個
- 牛乳 …………………………… 30g
- B レモン汁 …………………… 20g
- レモンの皮のすりおろし
  ……………………………… ½個分

【アイシング】

- C 粉砂糖 …………………… 50g
- レモン汁 ………………… 10g
- レモンの皮のすりおろし …… 適量

（下準備）

● 卵、牛乳は室温に戻す。

● パウンド型にオーブン用シート
を敷く。

● オーブンを170℃に温める。

作り方

1 ポリ袋に**A**を入れる。袋の口をねじってきっちり閉じ、全体が混ざるようによく振る。

2 植物油を加え、袋の口をねじってきっちり閉じ、振り混ぜて全体をなじませた後、袋の外側からもみ混ぜる。

3 しっかり混ぜ合わせた**B**を半量加え、袋の中の空気を抜いて口をねじってきっちり閉じ、全体がなめらかになるまで袋の外側からもみ混ぜる。

4 残りの**B**を加え、もう一度袋の中の空気を抜いて口をねじってきっちり閉じ、全体がなめらかになるまで袋の外側からもみ混ぜる。

5 袋の角をハサミで切り、生地を型に入れる。型ごと軽くトントンと落とし、大きな気泡を抜く。

6 170℃のオーブンで30〜35分焼く。焼き始めから10分後、オーブンからとり出し、包丁で縦中央に切り込みを入れる。

7 アイシングを作る。別のポリ袋に**C**を入れ、袋の中の空気を抜いて口をねじってきっちり閉じ、全体がなめらかになるまで袋の外側からもみ混ぜる。

8 袋の角をハサミで切り、パウンドケーキにかけ（**ⓐ**）、レモンの皮を飾る。

保存期間：密閉容器に入れて常温で **5〜6**日

バナナのパウンドケーキ

調理時間 10〜15分（焼き時間を除く）

バナナはつぶしすぎないのがおすすめ。熟したバナナの甘さが際立ちます。

材料 （17×8×高さ6cmのパウンド型1台分）

- A
  - 薄力粉 ………………………… 120g
  - きび砂糖 ………………………… 60g
  - ベーキングパウダー ……… 小さじ1（4g）
- B
  - 植物油 …………………………… 65g
  - バナナ（熟したもの） ………… 1本（100g）
- C
  - 卵 ……………………………………… 2個
  - 牛乳 ……………………………………… 30g
- バナナ（飾り用） ………………………… 1本

（下準備）
- 卵、牛乳は室温に戻す。
- 熟したバナナは1cm幅、飾り用は縦に2等分に切る。
- パウンド型にオーブン用シートを敷く。
- オーブンを170℃に温める。

作り方

1 ポリ袋にAを入れる。袋の口をねじってきっちり閉じ、全体が混ざるようによく振る。

2 Bを加え（ⓐ）、袋の口をねじってきっちり閉じ、振り混ぜて全体をなじませた後、袋の外側からもみ混ぜる。

3 しっかり混ぜ合わせたCを半量加え、袋の中の空気を抜いて口をねじってきっちり閉じ、全体がなめらかになるまで袋の外側からもみ混ぜる。

4 残りのCを加え、もう一度袋の中の空気を抜いて口をねじってきっちり閉じ、全体がなめらかになるまで袋の外側からもみ混ぜる。

5 袋の角をハサミで切り、生地を型に入れる。型ごと軽くトントンと落とし、大きな気泡を抜き、飾り用のバナナを切り口を上にしてのせる（ⓑ）。

6 170℃のオーブンで35〜40分焼く。

保存期間：密閉容器に入れて常温で **2〜3**日

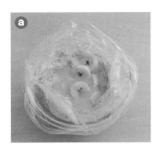

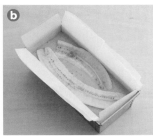

ポイント

上に飾るバナナの変色が気になる場合は、レモン汁（少々・分量外）をかけると変色を防げます。

ガトーショコラ

作り方▶P.28

ブラウニー

作り方 ▶ P.29

ガトーショコラ

生地はしっとり濃厚なのに、ほろほろと口どけのよい、定番のチョコケーキです。冷やしてもおいしい！

材料 （17×8×高さ6cmのパウンド型1台分）

```
┌ 薄力粉 ················· 20g
│ きび砂糖 ··············· 50g
A ベーキングパウダー
│          ·········· 小さじ½（2g）
└ ココアパウダー ··········· 30g
┌ 板チョコレート（ビター）
B          ················ 100g
└ バター（食塩不使用）······· 50g
C┌ 卵 ··················· 2個
 └ 生クリーム ············· 50g
粉砂糖 ··················· 適量
```

（下準備）

● 板チョコレートは細かく刻んで
　バターと合わせて溶かす（**a**）。

● 卵、生クリームは室温に戻す。

● 型にオーブン用シートを敷く。

● オーブンを170℃に温める。

作り方

1 ポリ袋にAを入れる。袋の口をねじってきっちり閉じ、全体が混ざるようによく振る。

2 溶かしたBを加え、袋の口をねじってきっちり閉じ、振り混ぜて全体をなじませた後、袋の外側からもみ混ぜる。

3 しっかり混ぜ合わせたCを半量加え、袋の中の空気を抜いて口をねじってきっちり閉じ、全体がなめらかになるまで袋の外側からもみ混ぜる。

4 残りのCを加え、もう一度袋の中の空気を抜いて口をねじってきっちり閉じ、全体がなめらかになるまで袋の外側からもみ混ぜる。

5 袋の角をハサミで切り、生地を型に入れる。型ごと軽くトントンと落とし、大きな気泡を抜く。

6 170℃のオーブンで30~35分焼く。完全に冷めてから型からとり出し、粉砂糖を振る。

保存期間：密閉容器に入れて常温で **4~5**日

ポイント

＊チョコレートとバターの溶かし方
刻んだチョコレートと小さく切ったバターを耐熱容器に入れ、電子レンジで約1分加熱し（完全に溶けていなくてよい）、泡立て器で混ぜます。

ブラウニー

平たく焼いた手軽なチョコケーキ。植物油を使い、ふわっとした軽い食感に仕上げました。

材料 （20.5×16×高さ3cmのホーローバット1台分）

A	薄力粉	60g
	ココアパウダー	15g
	きび砂糖	35g
	ベーキングパウダー	小さじ½（2g）
B	板チョコレート（ビター）	70g
	植物油	60g
C	卵	2個
	牛乳	30g
板チョコレート（ビター）		20g
くるみ		20g

（下準備）
- 板チョコレート（70g）は細かく刻んで溶かす。
- 卵、牛乳は室温に戻す。
- 板チョコレート（20g）、くるみは手で小さく割る。
- 型にオーブン用シートを敷く。
- オーブンを170℃に温める。

作り方

1　ポリ袋にAを入れる。袋の口をねじってきっちり閉じ、全体が混ざるようによく振る。

2　混ぜ合わせたBを加え、袋の口をねじってきっちり閉じ、振り混ぜて全体をなじませた後、袋の外側からもみ混ぜる。

3　しっかり混ぜ合わせたCを半量加え、袋の中の空気を抜いて口をねじってきっちり閉じ、全体がなめらかになるまで袋の外側からもみ混ぜる。

4　残りのCを加え、もう一度袋の中の空気を抜いて口をねじってきっちり閉じ、全体がなめらかになるまで袋の外側からもみ混ぜる。

5　袋の角をハサミで切り、生地を型に入れる。型ごと軽くトントンと落とし、大きな気泡を抜く。チョコレートとくるみを全体にのせる（ⓐ）。

6　170℃のオーブンで15〜18分焼く。

保存期間：密閉容器に入れて常温で4〜5日

ポイント

＊チョコレートの溶かし方
刻んだチョコレートを耐熱容器に入れ、電子レンジで約40秒加熱。溶けない場合は様子を見ながら10秒ずつ追加して加熱します。

フルーツクラフティ

作り方 ▶P.32

フルーツクランブル

作り方▶P.33

フルーツクラフティ

調理時間 **10〜15**分（焼き時間を除く）

クラフティとは、フランスの伝統菓子であるフルーツ入りのカスタードプディングのこと。焼きたてでも冷やしてもおいしいです。

材料 （20.5×16×高さ3cmのホーローバット1台分）

A ┌ 薄力粉 ……………………… 30g
  └ きび砂糖 …………………… 40g
B ┌ バター（食塩不使用）……… 10g
  └ 卵 …………………………… 1個
C ┌ 牛乳 ………………………… 100g
  └ 生クリーム ………………… 100g
オレンジ ……………………… 1個
ブルーベリー ………………… 20粒
粉砂糖 ………………………… 適量

（下準備）
- バターは溶かしバターにする（P.11参照）。
- 卵、牛乳、生クリームは室温に戻す。
- オレンジは房から出す。
- 型にバター（食塩不使用・分量外）を薄くぬる。
- オーブンを170℃に温める。

作り方

1 型にオレンジ、ブルーベリーを並べる（ⓐ）。

2 ポリ袋にAを入れる。袋の口をねじってきっちり閉じ、全体が混ざるようによく振る。

3 混ぜ合わせたBを加え、袋の口をねじってきっちり閉じ、振り混ぜて全体をなじませた後、袋の外側からもみ混ぜる。

4 しっかり混ぜ合わせたCを半量加え、袋の中の空気を抜いて口をねじってきっちり閉じ、全体がなめらかになるまで袋の外側からもみ混ぜる。

5 残りのCを加え、もう一度袋の中の空気を抜いて口をねじってきっちり閉じ、全体がなめらかになるまで袋の外側からもみ混ぜる。

6 袋の角をハサミで切り、生地を型に入れる。

7 170℃のオーブンで20〜25分焼く。粉砂糖を振る。

保存期間：きっちりとラップをして冷蔵庫で **1〜2**日

ポイント&アレンジヒント

- 水分量が多いゆるい生地なので、ボウルを使うと混ぜやすいです。型に入れるときはゆっくり入れましょう。
- お好みのフルーツ（いちご、キウイ、バナナなど）で作ってもおいしいです。

ⓐ

フルーツクランブル

調理時間 **10～15**分（焼き時間を除く）

イギリス定番のお菓子であるクランブル。ほろほろとした生地をフルーツにトッピングして焼く素朴なスイーツです。焼きたてをぜひ！

材料 （直径7cmのココット5個分）

- A
  - 薄力粉 ································ 40g
  - アーモンドパウダー ·········· 40g
  - きび砂糖 ·························· 30g
  - 塩 ····························· ひとつまみ
- バター（食塩不使用）············ 30g
- キウイ ······························ 1個
- パイナップル（正味）············ 100g

（下準備）

- バターは溶かしバターにする（P.11参照）。
- キウイは皮をむき2cm角、パイナップルも2cm角に切る。
- オーブンを180℃に温める。

作り方

1 ココットにフルーツを均等に入れる。

2 ポリ袋にAを入れる。袋の口をねじってきっちり閉じ、全体が混ざるようによく振る。

3 バターを加え、袋の口をねじってきっちり閉じ、振り混ぜてそぼろ状にする（ⓐ）。

4 ココットにクランブルを均等にのせる。

5 180℃のオーブンで15～20分焼く。

保存期間：きっちりとラップをして
冷蔵庫で1～2日

ポイント＆アレンジヒント

- 生地を振り混ぜてそぼろ状にするとき、大きいかたまりになったら、冷蔵庫で少し冷やしてから小さい粒になるように指でほぐしましょう。
- クランブルに合わせるフルーツは、お好みのものでOK。りんごやいちごなど、酸味のあるフルーツがよく合います。

アーモンドのタルト

作り方▶P.36

いちごのタルト

作り方▶P.37

アーモンドのタルト

調理時間
20〜30分
〈休ませる・
焼き時間を除く〉

型いらずの簡単タルトです。ポリ袋を使えば生地も簡単！ アーモンドを
たっぷりのせて香ばしく焼き上げます。

材料 （直径20cm 1台分）

【タルト台】

A
┌ 薄力粉 ……………………… 130g
│ きび砂糖 …………………… 30g
└ 塩 ……………………… ひとつまみ

B
┌ バター（食塩不使用）……… 50g
│ 卵黄 ……………………… 1個分
└ 水 ………………………… 10g

【アーモンドクリーム】

C
┌ アーモンドパウダー ……… 50g
└ きび砂糖 …………………… 40g

D
┌ バター（食塩不使用）……… 40g
└ 卵 ………………………… 1個

アーモンドスライス ………… 60g

（下準備）

● バターは溶かしバターにする
（P.11参照）。

● 卵黄、卵は室温に戻す。

● 天板にオーブン用シートを敷く。

保存期間：密閉容器に入れて
常温で**2〜3**日

作り方

1 タルト台を作る。ポリ袋にAを入れる。袋の口をねじってきっちり閉じ、全体が混ざるようによく振る。

2 混ぜ合わせたBを加え、袋の口をねじってきっちり閉じ、振り混ぜて全体をなじませる。さらに、袋の外側から生地をもみ混ぜながらひとつにまとめる。

3 袋をハサミで切り開き、生地を袋ではさみ、手で押しのばし半分に折る。向きを変えて同じようにのばし、半分に折る。これを4〜5回くり返し、袋で包んで冷蔵庫で10〜15分休ませる。

4 アーモンドクリームを作る。別のポリ袋にCを入れる。袋の口をねじってきっちり閉じ、全体が混ざるようによく振る。

5 しっかり混ぜ合わせたDを加え、袋の口をねじってきっちり閉じ、振り混ぜて全体をなじませた後、袋の外側から全体がなめらかになるまでもみ混ぜる。

6 オーブンを180℃に温める。生地をとり出し袋ではさみ、めん棒で直径22〜23cmの円形にのばす（ⓐ）。天板にのせ、フォークで全体に穴を開ける（ⓑ）。

7 アーモンドクリームの袋の角をハサミで切り、生地の周囲3cmを残し、クリームを絞る（ⓒ）。アーモンドを散らし、周囲の生地を内側に折って軽く押さえながら形作る（ⓓ）。

8 180℃のオーブンで10〜15分焼き、170℃に下げて10〜15分焼く。

いちごのタルト

調理時間 20〜30分（休ませる・焼き時間を除く）

いちごを一緒に焼き込みました。いちごの甘酸っぱさとアーモンドクリームのコクのある甘さとの一体感がたまりません。

材料 （直径20cm 1台分）

【タルト台】

A
┌ 薄力粉 ………………………… 130g
│ きび砂糖 ………………………… 30g
└ 塩 ………………………… ひとつまみ

B
┌ バター（食塩不使用）……… 50g
│ 卵黄 ………………………… 1個分
└ 水 ………………………… 10g

【アーモンドクリーム】

C
┌ アーモンドパウダー ………… 50g
└ きび砂糖 ………………………… 40g

D
┌ バター（食塩不使用）……… 40g
└ 卵 ………………………… 1個

いちご ………………………… 9個
粉砂糖 ………………………… 適量

（下準備）
- バターは溶かしバターにする（P.11参照）。
- 卵黄、卵は室温に戻す。
- いちごはヘタをとり、縦に2等分に切る。
- 天板にオーブン用シートを敷く。

保存期間：密閉容器に入れて
常温で **1〜2** 日

作り方

1 タルト台を作る。ポリ袋にAを入れる。袋の口をねじってきっちり閉じ、全体が混ざるようによく振る。

2 混ぜ合わせたBを加え、袋の口をねじってきっちり閉じ、振り混ぜて全体をなじませる。さらに、袋の外側から生地をもみ混ぜながらひとつにまとめる。

3 袋をハサミで切り開き、生地を袋ではさみ、手で押しのばし半分に折る。向きを変えて同じようにのばし、半分に折る。これを4〜5回くり返し、袋で包んで冷蔵庫で10〜15分休ませる。

4 アーモンドクリームを作る。別のポリ袋にCを入れる。袋の口をねじってきっちり閉じ、全体が混ざるようによく振る。

5 しっかり混ぜ合わせたDを加え、袋の口をねじってきっちり閉じ、振り混ぜて全体をなじませた後、袋の外側から全体がなめらかになるまでもみ混ぜる。

6 オーブンを180℃に温める。生地をとり出し袋ではさみ、めん棒で直径22〜23cmの円形にのばす。天板にのせ、フォークで全体に穴を開ける。

7 アーモンドクリームの袋の角をハサミで切り、生地の周囲3cmを残し、クリームを絞る。いちごを並べ、周囲の生地を内側に折って軽く押さえながら形作る。

8 180℃のオーブンで10〜15分焼き、170℃に下げて10〜15分焼く。粗熱がとれたら粉砂糖を振る。

ベーコンと玉ねぎの
ケークサレ　作り方▶P.40

ツナとコーンの
ケークサレ

作り方▶P.41

ベーコンと玉ねぎのケークサレ

軽食にぴったりな塩味のケーキ。ベーコンと玉ねぎは小さく切ることで
炒めずに生地に練り込み、そのままオーブンへ。

材料 （17×8×高さ6cmのパウンド型1台分）

```
    ┌ 薄力粉 ………………………… 100g
    │ きび砂糖 ……………………… 10g
    │ 粉チーズ ……………………… 20g
  A │ ベーキングパウダー
    │     …………………… 小さじ1（4g）
    │ 塩 ………………………… ひとつまみ
    └ こしょう ……………………… 少々
    ┌ 植物油 ………………………… 40g
  B │ 卵 ……………………………… 1個
    └ 牛乳 …………………………… 40g
  C ┌ ベーコンスライス …………… 3枚
    └ 玉ねぎ ………………………… ¼個
    ピザ用チーズ …………………… 20g
```

（下準備）
- 卵、牛乳は室温に戻す。
- ベーコンは2〜3mm幅に切る。
  玉ねぎはみじん切りにする。
- パウンド型にオーブン用シート
  を敷く。
- オーブンを170℃に温める。

作り方

1 ポリ袋にAを入れる。袋の口をねじってきっちり閉じ、全体が混ざるようによく振る。

2 しっかり混ぜ合わせたBを半量加え、袋の口をねじってきっちり閉じ、振り混ぜて全体をなじませた後、袋の外側からもみ混ぜる。

3 残りのBを加え、袋の中の空気を抜いて口をねじってきっちり閉じ、全体がなめらかになるまで袋の外側からもみ混ぜる。

4 Cを加え、もう一度袋の中の空気を抜いて口をねじってきっちり閉じ、全体がなじむまで袋の外側からもみ混ぜる。

5 袋の角をハサミで切り、生地を型に入れる。型ごと軽くトントンと落とし、大きな気泡を抜く。表面を平らにし、チーズをのせる。

6 170℃のオーブンで35〜40分焼く。

保存期間：密閉容器に入れて常温で**2〜3**日

ポイント

焼きたてが絶品です。冷めた場合はスライスしてオーブントースターで温めてから召し上がってください。

ツナとコーンのケークサレ

調理時間 15〜20分（焼き時間を除く）

コーンの甘みがアクセントのケークサレです。ツナ缶を使って、より手軽に作ります。

材料 （17×8×高さ6cmのパウンド型1台分）

```
┌ 薄力粉 ························ 100g
│ きび砂糖 ······················ 10g
│ 粉チーズ ······················ 20g
A ベーキングパウダー
│        ················· 小さじ1（4g）
│ 塩 ························· ふたつまみ
└ こしょう ······················ 少々
┌ 植物油 ························· 40g
B 卵 ···························· 1個
└ 牛乳 ··························· 40g
┌ ツナ缶 ··············· 小1缶（70g）
C
└ スイートコーン ················· 60g
```

（下準備）
- 卵、牛乳は室温に戻す。
- ツナは油をきる。
- パウンド型にオーブン用シートを敷く。
- オーブンを170℃に温める。

作り方

1 ポリ袋にAを入れる。袋の口をねじってきっちり閉じ、全体が混ざるようによく振る。

2 しっかり混ぜ合わせたBを半量加え、袋の口をねじってきっちり閉じ、振り混ぜて全体をなじませた後、袋の外側からもみ混ぜる。

3 残りのBを加え、袋の中の空気を抜いて口をねじってきっちり閉じ、全体がなめらかになるまで袋の外側からもみ混ぜる。

4 Cを加え、もう一度袋の中の空気を抜いて口をねじってきっちり閉じ、全体がなじむまで袋の外側からもみ混ぜる。

5 袋の角をハサミで切り、生地を型に入れる。型ごと軽くトントンと落とし、大きな気泡を抜く。

6 170℃のオーブンで35〜40分焼く。

保存期間：密閉容器に入れて常温で **2〜3** 日

ポイント

ウインナーソーセージやハム、ミニトマト、パプリカ、ズッキーニなど、お好みの具材を入れてもおいしく作れます。

Part 2

スコーン＆お手軽ブレッド

焼きたてが食べられるのも手作りならでは。軽食にぴったりなスコーンとお手軽ブレッドもポリ袋を使えば、熱々のおいしさをいつでも気軽に堪能できますよ。

スコーン　作り方▶P.44

チーズスコーン

作り方▶P.45

スコーン

調理時間
10~15分
（休ませる・焼き時間を除く）

ティータイムにぴったりなスコーン。甘さ控えめなので、お好みのジャムなどと一緒にどうぞ。

材料 （4個分）

A ┌ 薄力粉 ······················· 130g
  │ きび砂糖 ····················· 20g
  │ ベーキングパウダー
  │ ····················· 小さじ1（4g）
  └ 塩 ······················· ひとつまみ

B ┌ バター（食塩不使用）········· 30g
  │ プレーンヨーグルト（無糖）
  │ ························· 30g
  └ 牛乳 ························· 20g
牛乳 ···························· 適量

（下準備）

● バターは溶かしバターにする
  （P.11参照）。
● 牛乳は室温に戻す。
● 天板にオーブン用シートを敷く。

作り方

1 ポリ袋にAを入れる。袋の口をねじってきっちり閉じ、全体が混ざるようによく振る。

2 しっかり混ぜ合わせたBを加え、袋の口をねじってきっちり閉じ、振り混ぜて全体をなじませる。さらに、袋の外側から生地をもみ混ぜながらひとつにまとめる。

3 袋をハサミで切り開き、生地を袋ではさみ、手で押しのばして半分に折る。向きを変え、同じようにのばして半分に折る。これを4~5回くり返し、袋で包んで冷蔵庫で10~15分休ませる。

4 オーブンを180℃に温める。生地をとり出し袋ではさみ、手で10cm四方に形作る（**ⓐ**）。包丁で対角に4等分に切る。

5 天板に並べ、上面に牛乳を薄くぬり、180℃のオーブンで13~15分焼く。

保存期間：密閉容器に入れて常温で **3~4**日

ポイント

冷やすことで生地が扱いやすくなり、高く膨らみますが、時間がないときは冷蔵庫で休ませず、すぐに焼くこともできます。休ませる時間は10分くらいを目安に。半日から一晩休ませることもできます。

チーズスコーン

調理時間 **10〜15**分（休ませる・焼き時間を除く）

外はカリッ、中はしっとり。粉チーズ入りのブランチにもぴったりなスコーンです。

材料 （4個分）

```
┌ 薄力粉 ………………………… 120g
│ きび砂糖 ……………………… 10g
A  粉チーズ ……………………… 20g
│ ベーキングパウダー
└       ………………… 小さじ1（4g）
┌ バター（食塩不使用）……… 30g
│ プレーンヨーグルト（無糖）
B              ………………………… 30g
└ 牛乳 …………………………… 20g
牛乳 ………………………………… 適量
```

（下準備）
- バターは溶かしバターにする（P.11参照）。
- 牛乳は室温に戻す。
- 天板にオーブン用シートを敷く。

作り方

1 ポリ袋にAを入れる。袋の口をねじってきっちり閉じ、全体が混ざるようによく振る。

2 しっかり混ぜ合わせたBを加え、袋の口をねじってきっちり閉じ、振り混ぜて全体をなじませる。さらに、袋の外側から生地をもみ混ぜながらひとつにまとめる。

3 袋をハサミで切り開き、生地を袋ではさみ、手で押しのばして半分に折る。向きを変え、同じようにのばして半分に折る。これを4〜5回くり返し、袋で包んで冷蔵庫で10〜15分休ませる。

4 オーブンを180℃に温める。生地をとり出し袋ではさみ、手で10cm四方に形作る。包丁で4等分に切る（ⓐ）。

5 天板に並べ、上面に牛乳を薄くぬり、180℃のオーブンで13〜15分焼く。

保存期間：密閉容器に入れて常温で **3〜4**日

ⓐ

ⓑ

ポイント

写真ⓑのように、包丁で周囲4辺を切り落としてから4等分にすると、断面がシャープに立ち上がった状態で焼き上がります。

ソーダブレッド

作り方▶P.48

くるみとレーズンの
ソーダブレッド

作り方 ▶ P.49

ソーダブレッド

調理時間
10〜15分
（焼き時間を除く）

発酵いらずのクイックブレッド。ポリ袋で手軽にできるので、手作りパンがすぐに食べたいときにぴったりです。

材料 （1個分）

- 薄力粉 ……………………………… 130g
- きび砂糖 …………………………… 10g
- A ベーキングパウダー
  - ……………………… 小さじ1（4g）
- 塩 ………………………… ひとつまみ
- プレーンヨーグルト（無糖）
  - ……………………………………… 60g
- B 牛乳 …………………………… 30g
- 植物油 ……………………… 15g
- 薄力粉 ……………………………… 適量

（下準備）
- 牛乳は室温に戻す。
- 天板にオーブン用シートを敷く。
- オーブンを180℃に温める。

作り方

1 ポリ袋にＡを入れる。袋の口をねじってきっちり閉じ、全体が混ざるようによく振る。

2 しっかり混ぜ合わせたＢを加え、袋の口をねじってきっちり閉じ、振り混ぜて全体をなじませる。さらに、袋の外側から生地をもみ混ぜながらひとつにまとめる。

3 天板に生地をとり出し、丸く形作る。

4 茶こしで薄力粉を振り（ⓐ）、包丁で生地の半分の高さまで十字に切り込みを入れる（ⓑ）。

5 180℃のオーブンで25〜30分焼く。

保存期間：密閉容器に入れて常温で**3〜4**日

ポイント

水分の多い生地なので、手に薄力粉（分量外）を少量付けると形が作りやすくなります。

くるみとレーズンのソーダブレッド

調理時間
10〜15分
（焼き時間を除く）

甘みと香ばしさがうれしい。軽やかな生地にくるみとレーズンを練り込んで満足度アップ！

材料 （1個分）

- A
  - 薄力粉 ……………………… 130g
  - きび砂糖 ……………………… 10g
  - ベーキングパウダー
    …………………… 小さじ1（4g）
  - 塩 ……………………… ひとつまみ
- B
  - プレーンヨーグルト（無糖）
    ……………………… 60g
  - 牛乳 ……………………… 30g
  - 植物油 ……………………… 15g
- C
  - くるみ ……………………… 30g
  - レーズン（オイル不使用または
    製菓用）……………………… 30g
- 薄力粉 ……………………… 適量

（下準備）

- ● 牛乳は室温に戻す。
- ● くるみは手で粗く割る。
- ● 天板にオーブン用シートを敷く。
- ● オーブンを180℃に温める。

作り方

1 ポリ袋にAを入れる。袋の口をねじってきっちり閉じ、全体が混ざるようによく振る。

2 しっかり混ぜ合わせたBを加え、袋の口をねじってきっちり閉じ、振り混ぜて全体をなじませる。さらに、袋の外側から生地をもみ混ぜながらひとつにまとめる。

3 Cを加え、もう一度袋の中の空気を抜いて口をねじってきっちり閉じ、全体がなじむまで袋の外側からもみ混ぜる。

4 天板に生地をとり出し、丸く形作る。

5 茶こしで薄力粉を振り、包丁で生地の半分の高さまで十字に切り込みを入れる。

6 180℃のオーブンで25〜30分焼く。

保存期間：密閉容器に入れて常温で**3〜4**日

ポイント

オイルコーティングされているレーズンを使う場合は、さっと湯通しし、しっかり水気をふいてから使ってください。

トマトとモッツァレラのピザ風平パン

作り方 ▶ P.52

ソーセージとピーマンの
ピザ風平パン 作り方▶P.53

トマトとモッツァレラの ピザ風平パン

調理時間
10〜15分
（焼き時間を除く）

とろりとしたチーズとミニトマトが絶品！ おつまみにもぴったりな一品
です。

材料 （1枚分）

- A
  - 薄力粉 ……………………………… 40g
  - 強力粉 ……………………………… 40g
  - きび砂糖 …………………………… 2g
  - ベーキングパウダー
    …………………………… ふたつまみ
  - 塩 …………………………… ひとつまみ
- B
  - オリーブ油 ………………………… 15g
  - 水 …………………………………… 20g
  - 牛乳 ………………………………… 20g
- オリーブ油 ………………… 大さじ1
- C
  - ミニトマト ………………………… 3個
  - モッツァレラチーズまたは
  - ピザ用チーズ ………………… 50g
- 粗びき黒こしょう ……………… 適量

（下準備）
- 牛乳は室温に戻す。
- ミニトマトは4等分、モッツァレラチーズは一口大に切る。
- 天板にオーブン用シートを敷く。
- オーブンを200℃に温める。

作り方

1 ポリ袋にAを入れる。袋の口をねじってきっちり閉じ、全体が混ざるようによく振る。

2 しっかり混ぜ合わせたBを加え、袋の口をねじってきっちり閉じ、振り混ぜて全体をなじませる。さらに、袋の外側から生地をもみ混ぜながらひとつにまとめる。

3 袋をハサミで切り開き、生地を袋ではさみ、めん棒で直径20cmくらいの円形にのばす。

4 生地を天板にのせる。オリーブ油を全体にぬり（ⓐ）、Cを全体にのせる。

5 200℃のオーブンで10〜12分焼く。お好みで黒こしょうを振る。

ポイント

強力粉を薄力粉に置き換えてもおいしく作れます。

ソーセージとピーマンの
ピザ風平パン

調理時間
10～15分
（焼き時間を除く）

生地さえあれば、具をのせて焼くだけ！ 定番ピザがすぐにでき上がります。 トッピングはお好みのものでOKです。

材料 （1枚分）

A
- 薄力粉 ……………………… 40g
- 強力粉 ……………………… 40g
- きび砂糖 …………………… 2g
- ベーキングパウダー
  …………………………… ふたつまみ
- 塩 ………………………… ひとつまみ

B
- オリーブ油 ………………… 15g
- 水 …………………………… 20g
- 牛乳 ………………………… 20g

トマトケチャップ ………… 大さじ2

C
- ウインナーソーセージ …… 2本
- ピーマン …………………… 1個
- 玉ねぎ ……………………… ⅙個
- ピザ用チーズ ……………… 50g

（下準備）
- 牛乳は室温に戻す。
- ソーセージは1cm幅のななめ切り、ピーマンは種をとって輪切り、玉ねぎは薄切りにする。
- 天板にオーブン用シートを敷く。
- オーブンを200℃に温める。

作り方

1 ポリ袋にAを入れる。袋の口をねじってきっちり閉じ、全体が混ざるようによく振る。

2 しっかり混ぜ合わせたBを加え、袋の口をねじってきっちり閉じ、振り混ぜて全体をなじませる。さらに、袋の外側から生地をもみ混ぜながらひとつにまとめる。

3 袋をハサミで切り開き、生地を袋ではさみ、めん棒で直径20cmくらいの円形にのばす。

4 生地を天板にのせる。トマトケチャップを全体にぬり、Cを全体にのせる。

5 200℃のオーブンで10～12分焼く。

Part 3

クッキー＆クラッカー

甘くても塩味でもおいしいクッキーとクラッカー。ポリ袋があればとても簡単。日持ちがするので毎日のおやつタイムに重宝します。

レーズンとコーンフレークのドロップクッキー

54

作り方▶P.56

チョコとピーナッツバターの
ドロップクッキー　作り方▶P.57

レーズンとコーンフレークのドロップクッキー

調理時間
10〜15分
（焼き時間を除く）

できたては中はしっとりですが、時間がたつとザクザクした食感に。レーズンとコーンフレークを入れないプレーンも美味ですよ。

材料 （8枚分）

- A
  - 薄力粉 ……………………… 100g
  - きび砂糖 …………………… 50g
  - ベーキングパウダー
    ……………………… 小さじ¼（1g）
  - 塩 ……………………… ひとつまみ
- B
  - バター ……………………… 30g
  - 牛乳 ……………………… 30g
- C
  - レーズン（オイル不使用
    または製菓用）……………… 50g
  - コーンフレーク ……………… 20g

（下準備）

- バターは溶かしバターにする（P.11参照）。
- 牛乳は室温に戻す。
- 天板にオーブン用シートを敷く。
- オーブンを170℃に温める。

作り方

1 ポリ袋にAを入れる。袋の口をねじってきっちり閉じ、全体が混ざるようによく振る。

2 しっかり混ぜ合わせたBを加え、袋の口をねじってきっちり閉じ、振り混ぜて全体をなじませる。さらに、袋の外側から生地をもみ混ぜながらひとつにまとめる。

3 袋を切り開き、生地の上にCをのせる（ⓐ）。袋ではさみ、手で押しのばして半分に折る。向きを変え、同じようにのばして半分に折る（ⓑ）。これを4〜5回くり返す。

4 スプーンで生地を⅛量ずつとって（ⓒ）天板に並べ、軽く押さえる（ⓓ）。

5 170℃のオーブンで15〜18分焼く。

保存期間：密閉容器に入れて常温で **5〜6**日

ポイント

混ぜ込む材料を生地にのせたときは多く感じますが、のばして折るをくり返すと生地にまんべんなく混ざります。

チョコとピーナッツバターの ドロップクッキー

調理時間
10〜15分
（焼き時間を除く）

ピーナッツバターを生地に練り込んで、板チョコを加えました。スプーンですくって天板に落とすだけ。不ぞろいな形も味になります。

材料 （8枚分）

A ┌ 薄力粉 ……………………… 100g
　├ きび砂糖 …………………… 50g
　├ ベーキングパウダー
　│　　　　　………… 小さじ¼（1g）
　└ 塩 ……………………… ひとつまみ

B ┌ バター …………………… 20g
　├ 牛乳 …………………… 30g
　├ ピーナッツバター（粒なし）
　└　　　　　……………………… 30g

板チョコレート（ビター）……… 30g

（下準備）
● バターは溶かしバターにする（P.11参照）。
● 牛乳は室温に戻す。
● 板チョコレートは手で小さく割る。
● 天板にオーブン用シートを敷く。
● オーブンを170℃に温める。

作り方

1 ポリ袋にＡを入れる。袋の口をねじってきっちり閉じ、全体が混ざるようによく振る。

2 しっかり混ぜ合わせたＢを加え、袋の口をねじってきっちり閉じ、振り混ぜて全体をなじませる。さらに、袋の外側から生地をもみ混ぜながらひとつにまとめる。

3 袋を切り開き、生地の上にチョコレートをのせる。袋ではさみ、手で押しのばして半分に折る。向きを変え、同じようにのばして半分に折る。これを4〜5回くり返す。

4 スプーンで生地を⅛量ずつとって天板に並べ、軽く押さえる。

5 170℃のオーブンで15〜18分焼く。

保存期間：密閉容器に入れて常温で5〜6日

ポイント

ピーナッツバターの甘さに合わせて砂糖の分量を調節してください。

絞り出しクッキー

作り方▶P.60

スノーボール

作り方▶P.61

絞り出しクッキー

絞り袋もポリ袋で！ 好みの形に絞っても楽しい、懐かしい味わいのシンプルクッキーです。

材料 （約20個分）

- 薄力粉 ·· 100g
- きび砂糖 ··· 50g
- A ベーキングパウダー
  ··· 小さじ¼（1g）
- 塩 ·· ひとつまみ

- バター ·· 30g
- B 卵白 ··· 1個分
- 牛乳 ·· 30g

（下準備）
- バターは溶かしバターにする（P.11参照）。
- 卵白、牛乳は室温に戻す。
- 天板にオーブン用シートを敷く。
- オーブンを180℃に温める。

作り方

1 ポリ袋にAを入れる。袋の口をねじってきっちり閉じ、全体が混ざるようによく振る。

2 しっかり混ぜ合わせたBを加え、袋の口をねじってきっちり閉じ、振り混ぜて全体をなじませる。

3 袋の中の空気を抜いて口をねじってきっちり閉じ、全体がなめらかになるまで袋の外側からもみ混ぜる。

4 袋の角をハサミで切り、生地を天板の上に直径4cmくらいのリング状に絞る（ⓐ）。

5 180℃のオーブンで10〜12分焼く。

保存期間：密閉容器に入れて常温で**5〜6**日

ポイント

リング状に絞り出すのが難しい場合は、棒状やアーチ状に絞り出しましょう。

スノーボール

調理時間 **10～15**分 （焼き時間を除く）

さくさく＆ほろほろな食感が人気のスノーボールクッキー。実は簡単に
ホームメイドできるんです。

材料 （16個分）

```
┌ 薄力粉 ……………………………… 70g
│ アーモンドパウダー ………… 30g
A
│ きび砂糖 ………………………… 35g
└ 塩 ……………………………… ひとつまみ
バター ………………………………… 50g
粉砂糖 ………………………………… 適量
```

（下準備）
- バターは溶かしバターにする
  （P.11参照）。
- 天板にオーブン用シートを敷く。
- オーブンを170℃に温める。

作り方

1 ポリ袋にAを入れる。袋の口をねじってきっちり閉じ、全体が混ざるようによく振る。

2 バターを加え、袋の口をねじってきっちり閉じ、振り混ぜて全体をなじませる。さらに、袋の外側から生地をもみ混ぜながらひとつにまとめる。

3 袋を切り開き、生地を16等分する。手で丸め、天板に並べる。

4 170℃のオーブンで13～15分焼く。別のポリ袋に粉砂糖、粗熱がとれたスノーボールを入れる。袋の口をねじってきっちり閉じ、振って全体にまぶす（ⓐ）。

保存期間：密閉容器に入れて常温で5～6日

ポイント

仕上げの粉砂糖は溶けないタイプ、ノンウェットタイプを使うと白いパウダー状態が続きます。

アイスボックスクッキー

作り方▶P.64

ココアの
アイスボックスクッキー

作り方▶P.65

アイスボックスクッキー

調理時間
15〜20分
（休ませる・
焼き時間を除く）

バターの風味がふんわり香る定番クッキー。材料が少ないので、思い立ったらすぐ作れるうれしいお菓子です。

材料 （16枚分）

```
┌ 薄力粉 ………………………… 100g
A   きび砂糖 ……………………… 40g
└ 塩 ……………………… ひとつまみ
┌ バター ………………………… 30g
B
└ 卵 ……………………………… ½個
グラニュー糖（お好みで）…… 適量
```

（下準備）

● バターは溶かしバターにする
（P.11参照）。

● 卵は室温に戻す。

● 天板にオーブン用シートを敷く。

● グラニュー糖をバットに広げる。

作り方

1 ポリ袋にAを入れる。袋の口をねじってきっちり閉じ、全体が混ざるようによく振る。

2 しっかり混ぜ合わせたBを加え、袋の口をねじってきっちり閉じ、振り混ぜて全体をなじませる。さらに、袋の外側から生地をもみ混ぜながらひとつにまとめる。

3 袋をハサミで切り開き、生地を袋ではさみ、手で押しのばして半分に折る。向きを変え、同じようにのばして半分に折る。これを4〜5回くり返し、長さ16cmの棒状に形作る。袋で包んで冷蔵庫で30分〜1時間休ませる。

4 オーブンを170℃に温める。お好みで生地をバットにとり出し、転がしてグラニュー糖を周りにつける（ⓐ）。包丁で1cm幅に切り、天板に並べる（ⓑ）。

5 170℃のオーブンで12〜14分焼く。

保存期間：密閉容器に入れて常温で **5〜6**日

ポイント

・時間がある場合は、ようやく切れるくらいのかたさになるまで生地を休ませるとよいでしょう。急いでいるときは冷凍庫で冷やすこともできます。

・焼く前の生地（棒状）は2〜3週間冷凍保存可能です。袋でぴっちり包んだ後、ジッパー付き保存袋に入れます。

郵便はがき

６０１-８７９０

205

京都市南区西九条
北ノ内町十一

PHP研究所
暮らしデザイン普及部
お客様アンケート係　行

1060

ご住所								

TEL：

お名前	ご年齢
	歳

メールアドレス	＠

今後、PHPから各種ご案内やアンケートのお願いをお送りしてもよろしいでしょうか？　□ NO
チェック無しの方はご了解頂いたと判断させて頂きます。あしからずご了承ください。

<個人情報の取り扱いについて>
ご記入頂いたアンケートは、商品の企画や各種ご案内に利用し、その目的以外の利用はいたしません。なお、頂いたご意見はパンフレット等に無記名にて掲載させて頂く場合もあります。この件のお問い合わせにつきましては下記までご連絡ください。（PHP研究所　暮らしデザイン普及部　TEL.075-681-8554　FAX.050-3606-4468）

PHPアンケートカード

PHP の商品をお求めいただきありがとうございます。
あなたの感想をぜひお聞かせください。

お買い上げいただいた本の題名は何ですか。

どこで購入されましたか。

ご購入された理由を教えてください。（複数回答可）

1 テーマ・内容　2 題名　3 作者　4 おすすめされた　5 表紙のデザイン
6 その他（　　　　　　　　　　　　　　　　　　　　　　　　　　）

ご購入いただいていかがでしたか。

1 とてもよかった　2 よかった　3 ふつう　4 よくなかった　5 残念だった

ご感想などをご自由にお書きください。

あなたが今、欲しいと思う本のテーマや題名を教えてください。

ココアのアイスボックスクッキー

調理時間
15～20分
（休ませる・
焼き時間を除く）

プレーンの生地にココアパウダーを加えるだけ！ 抹茶や紅茶などお好み
の味にしてもGoodです。

材料 （16枚分）

```
┌ 薄力粉 ····························· 90g
│ ココアパウダー ················· 10g
A│ きび砂糖 ························ 40g
└ 塩 ····························· ひとつまみ
┌ バター ··························· 30g
B└ 卵 ······························· ½個
```

（下準備）

● バターは溶かしバターにする
  （P.11参照）。

● 卵は室温に戻す。

● 天板にオーブン用シートを敷く。

作り方

1　ポリ袋にＡを入れる。袋の口をねじってきっ
　　ちり閉じ、全体が混ざるようによく振る。

2　しっかり混ぜ合わせたＢを加え、袋の口をね
　　じってきっちり閉じ、振り混ぜて全体をなじ
　　ませる。さらに、袋の外側から生地をもみ混
　　ぜながらひとつにまとめる。

3　袋をハサミで切り開き、生地を袋ではさみ、
　　手で押しのばして半分に折る。向きを変え、
　　同じようにのばして半分に折る。これを4～
　　5回くり返し、長さ16cmの棒状に形作る。
　　袋で包んで冷蔵庫で30分～1時間休ませる。

4　オーブンを170℃に温める。生地を包丁で
　　1cm幅に切り、天板に並べる。

5　170℃のオーブンで12～14分焼く。

保存期間：密閉容器に入れて常温で5～6日

ポイント

切った生地は天板の上に間隔を開けて並べ
ましょう。焼いている途中、天板の奥側を
手前にして位置をかえると焼きむらが防げ
ます。

ごまのパイクッキー

作り方▶P.68

ショートブレッド

作り方▶P.69

ごまのパイクッキー

調理時間 15〜20分（休ませる・焼き時間を除く）

香ばしいすりごまをパイ生地にくるくる巻き込みました。慣れてくると簡単に巻くことができます。

材料 （16枚分）

```
┌ 薄力粉 ······················· 80g
│ アーモンドパウダー ·········· 20g
│ きび砂糖 ····················· 30g
A ベーキングパウダー
│          ··············· 小さじ¼（1g）
└ 塩 ···················· ひとつまみ
┌ 植物油 ······················ 30g
B└ 牛乳 ························ 30g
┌ 黒すりごま ···················· 5g
C└ きび砂糖 ····················· 5g
```

（下準備）
- 牛乳は室温に戻す。
- 黒すりごま、きび砂糖は混ぜ合わせる。
- 天板にオーブン用シートを敷く。

ポイント

生地の手前から巻くとき、巻き寿司を巻く要領で上の袋を引っ張りながら巻くと巻きやすいです。

作り方

1 ポリ袋にAを入れる。袋の口をねじってきっちり閉じ、全体が混ざるようによく振る。

2 合わせたBを加え、袋の口をねじってきっちり閉じ、振り混ぜて全体をなじませる。さらに、袋の外側から生地をもみ混ぜながらひとつにまとめる。

3 袋をハサミで切り開き、生地を袋ではさみ、手で押しのばして半分に折る。向きを変え、同じようにのばして半分に折る。これを4〜5回くり返してまとめる。

4 生地を袋ではさんだまま、めん棒で縦20×横16cmにのばす。Cを全体に散らし（）、生地の手前から押さえながら（）しっかり巻く（）。巻き終わりもしっかりと押さえ、袋で包んで冷蔵庫で10〜15分休ませる。

5 オーブンを180℃に温める。生地を包丁で1cm幅に切り、天板に並べる。

6 180℃のオーブンで13〜15分焼く。

保存期間：密閉容器に入れて常温で **5〜6**日

ショートブレッド

調理時間 **10〜15**分（焼き時間を除く）

スコットランドの伝統的なバタークッキーは、材料もシンプル。生地に穴を開けることでさくさくの食感に仕上げることができます。

材料 （直径16cm 1枚分）

```
┌ 薄力粉 ······················· 100g
A │ きび砂糖 ······················ 40g
└ 塩 ······················ ひとつまみ
バター ···························· 60g
```

（下準備）
- バターは溶かしバターにする（P.11参照）。
- 天板にオーブン用シートを敷く。
- オーブンを170℃に温める。

作り方

1 ポリ袋にAを入れる。袋の口をねじってきっちり閉じ、全体が混ざるようによく振る。

2 バターを加え、袋の口をねじってきっちり閉じ、振り混ぜて全体をなじませる。さらに、袋の外側から生地をもみ混ぜながらひとつにまとめる。

3 袋をハサミで切り開き、生地を袋ではさみ、手で押しのばして半分に折る。向きを変え、同じようにのばして半分に折る。これを4〜5回くり返してまとめる。

4 生地を袋ではさんだまま、めん棒で直径16cmの円形にのばす。

5 生地を天板にのせ、フォークで全体に穴を開ける（**a**）。

6 170℃のオーブンで13〜15分焼く。熱いうちに包丁で放射状に8等分する（**b**）。

保存期間：密閉容器に入れて常温で **5〜6**日

ポイント

長方形にのばして焼き、細長く切り分けてもかわいく仕上がります。

クラッカー 2種
（プレーン、ピーナッツじゃこ）

作り方▶P.72

スティッククッキー 2種
（チーズ、ハーブ） 作り方▶P.73

クラッカー2種
（プレーン、ピーナッツじゃこ）

調理時間
15〜20分
（焼き時間を除く）

アレンジも簡単。かめばかむほど味わい深い、おつまみにぴったりなクラッカーです。

材料 （各約16枚分）

【共通】

A
- 薄力粉 ·················· 80g
- 強力粉 ·················· 20g
- きび砂糖 ················· 5g
- 塩 ··················· ふたつまみ
- ベーキングパウダー
  - ··················· 小さじ¼（1g）

B
- 植物油 ·················· 30g
- 水 ···················· 20g

【ピーナッツじゃこ】

ピーナッツ（八つ割りのもの、または細かく刻む）
- ··················· 10g

ちりめんじゃこ ············· 10g

（下準備）
- 天板にオーブン用シートを敷く。
- オーブンを200℃に温める。

作り方

1 ポリ袋にAを入れる（ピーナッツじゃこの材料はAに加える）。袋の口をねじってきっちり閉じ、全体が混ざるようによく振る。

2 合わせたBを加え、袋の口をねじってきっちり閉じ、振り混ぜて全体をなじませる。さらに、袋の外側から生地をもみ混ぜながらひとつにまとめる。

3 袋をハサミで切り開き、生地を袋ではさみ、手で押しのばして半分に折る。向きを変え、同じようにのばして半分に折る。これを4〜5回くり返してまとめる。

4 生地を袋ではさんだまま、めん棒で3mm厚さ16cm四方くらいの四角形にのばす（ⓐ）。

5 包丁で4cm四方に切り、フォークで全体に穴を開け（ⓑ）、天板に並べる。

6 200℃のオーブンで5〜6分焼き、150℃に下げて8〜10分焼く。

保存期間：密閉容器に入れて常温で5〜6日

スティッククッキー 2種
（チーズ、ハーブ）

調理時間
15〜20分
（焼き時間を除く）

カリカリさくさくの甘くないクッキー。チーズやハーブだけでなく、ごまなどもおいしいです。

材料 （各約60本分）

【チーズ】

A
┌ 薄力粉 ………………………… 60g
│ 強力粉 ………………………… 30g
│ きび砂糖 ……………………… 10g
│ 粉チーズ ……………………… 30g
│ 塩 ……………………… ふたつまみ
│ ベーキングパウダー
└ ……………………… 小さじ¼（1g）

B
┌ 植物油 ………………………… 10g
│ 卵 …………………………… ½個
└ 牛乳 …………………………… 20g

【ハーブ】

A
┌ 薄力粉 ………………………… 60g
│ 強力粉 ………………………… 30g
│ きび砂糖 ……………………… 10g
│ ハーブ（乾燥ローズマリーなど、
│   細かく刻む）…… 小さじ1（1g）
│ 塩 ……………………… ふたつまみ
│ ベーキングパウダー
└ ……………………… 小さじ¼（1g）

B
┌ 植物油 ………………………… 10g
│ 卵 …………………………… ½個
└ 牛乳 …………………………… 10g

（下準備）
● 卵、牛乳は室温に戻す。
● 天板にオーブン用シートを敷く。
● オーブンを170℃に温める。

作り方

1 ポリ袋にAを入れる。袋の口をねじってきっちり閉じ、全体が混ざるようによく振る。

2 しっかり混ぜ合わせたBを加え、袋の口をねじってきっちり閉じ、振り混ぜて全体をなじませる。さらに、袋の外側から生地をもみ混ぜながらひとつにまとめる。

3 袋をハサミで切り開き、生地を袋ではさみ、手で押しのばして半分に折る。向きを変え、同じようにのばして半分に折る。これを4〜5回くり返してまとめる。

4 生地を袋ではさんだまま、めん棒で縦18×横15cmくらいの長方形にのばす。

5 包丁で縦の長さを2等分にし、5mm幅に切り（ⓐ）、天板に並べる。

6 170℃のオーブンで6〜8分焼く。

保存期間：密閉容器に入れて常温で5〜6日

Part 4

和風のおやつ

どら焼きや蒸しパン、白玉だんごなどの和スイーツをポリ袋で作ります。
日本茶と一緒にいただきたい、心もホッとする懐かしの味ばかりです。

ミニどら焼き　作り方▶P.76

白あんケーキ

作り方▶P.77

ミニどら焼き

ブレイクタイムにちょうどよいサイズのミニどら焼き。粒あんの量を調節できるのも手作りならではです。

材料 （4個分）

- A
  - 薄力粉 ……………………… 50g
  - きび砂糖 …………………… 25g
  - ベーキングパウダー
    …………………… 小さじ¼（1g）
- B
  - 卵 …………………………… ½個
  - みりん ……………………… 10g
  - はちみつ …………………… 10g
  - 牛乳 ………………………… 10g
- 植物油 ………………………… 適量
- 粒あん ………………………… 適量

（下準備）
- 卵、牛乳は室温に戻す。

作り方

1 ポリ袋にAを入れる。袋の口をねじってきっちり閉じ、全体が混ざるようによく振る。

2 しっかり混ぜ合わせたBを加え、袋の口をねじってきっちり閉じ、振り混ぜて全体をなじませる。

3 袋の中の空気を抜いて口をねじってきっちり閉じ、全体がなめらかになるまで袋の外側からもみ混ぜる。

4 フライパンに植物油を薄くひいて熱し、一度火からおろす。袋の角をハサミで切り、生地を直径5cmほどの円形に絞る（ⓐ）。

5 フライパンをもう一度火にかけ、焼き色がついたら裏返し、裏面も焼いてとり出す。残りの生地も同じように焼く（8枚）。

6 きれいな焼き色の方を外側にし、粒あんをはさむ。

保存期間：きっちりとラップをして常温で **1〜2**日

ポイント

材料Bのはちみつがかたくて混ざりにくいときは、卵以外を湯煎にかけて少し温めてから混ぜ合わせるとよいでしょう。

白あんケーキ

調理時間 **10〜15**分（焼き時間を除く）

しっとりコクのある甘さの秘密はたっぷりの白あん。生地もなめらかで口の中で溶けていきます。

材料 （20.5×16×高さ3cmのホーローバット1台分）

A ┌ 薄力粉 ……………………………… 50g
　├ アーモンドパウダー ………… 30g
　├ きび砂糖 ………………………… 20g
　├ ベーキングパウダー
　│　　　　　　………… 小さじ1（4g）
　└ 塩 ……………………… ひとつまみ

B ┌ 植物油 …………………………… 60g
　└ 白こしあん ……………………… 100g

C ┌ 卵 ………………………………… 2個
　└ 牛乳 ……………………………… 30g

白いりごま ………………………………… 5g

（下準備）
- 卵、牛乳は室温に戻す。
- 型にオーブン用シートを敷く。
- オーブンを170℃に温める。

作り方

1 ポリ袋にAを入れる。袋の口をねじってきっちり閉じ、全体が混ざるようによく振る。

2 混ぜ合わせたBを加え、袋の口をねじってきっちり閉じ、振り混ぜて全体をなじませた後、袋の外側からもみ混ぜる。

3 しっかり混ぜ合わせたCを半量加え、袋の中の空気を抜いて口をねじってきっちり閉じ、全体がなめらかになるまで袋の外側からもみ混ぜる。

4 残りのCを加え、もう一度袋の中の空気を抜いて口をねじってきっちり閉じ、全体がなめらかになるまで袋の外側からもみ混ぜる。

5 袋の角をハサミで切り、生地を型に入れる。型ごと軽くトントンと落としてならし、大きな気泡を抜き、ごまを全体に散らす。

6 170℃のオーブンで13〜15分焼く（ⓐ）。

保存期間：密閉容器に入れて常温で **3〜4**日

ポイント

白こしあんの甘さに合わせて砂糖の分量を調節してください。

チーズ蒸しパン

作り方 ▶ P.80

さつまいも蒸しパン

作り方 ▶ P.81

チーズ蒸しパン

調理時間
10～15分
（蒸す時間を除く）

チーズがほのかに香るやさしい味の蒸しパンです。

材料 （直径5cmのプリンカップ4個分）

A
- 薄力粉 ……………………………… 100g
- きび砂糖 …………………………… 30g
- ベーキングパウダー
  ……………………… 小さじ1（4g）
- 粉チーズ …………………………… 10g

B
- 卵 …………………………………… 1個
- 牛乳 ………………………………… 100g
- 植物油 ……………………………… 15g

（下準備）
● 卵、牛乳は室温に戻す。
● 耐熱のプリンカップにグラシンカップを敷く。
● 蒸し器を用意する。

作り方

1 ポリ袋にAを入れる。袋の口をねじってきっちり閉じ、全体が混ざるようによく振る。

2 しっかり混ぜ合わせたBを半量加え、袋の口をねじってきっちり閉じ、振り混ぜて全体をなじませた後、袋の外側からもみ混ぜる。

3 残りのBを加え、袋の中の空気を抜いて口をねじってきっちり閉じ、全体がなめらかになるまで袋の外側からもみ混ぜる。

4 袋の角をハサミで切り、生地をカップに均等に入れる。

5 蒸気の上がった蒸し器に並べ、布巾で包んだふたをし、中火で10～12分蒸す。

保存期間：きっちりとラップをして常温で **1～2**日

ポイント

蒸し器がない場合は、深さがあり、ふたのできる鍋かフライパンを使いましょう。鍋底から1.5cmの高さまで水を入れて沸騰させ、生地を入れたカップを並べて布巾で包んだふたをして蒸します。

80

さつまいも蒸しパン

ごろごろと入ったさつまいもは食べごたえ十分！ 自然の甘みにホッとできます。

材料 （直径5cmのプリンカップ4個分）

```
┌ 薄力粉 ······························· 100g
│ きび砂糖 ····························· 30g
A ベーキングパウダー
└ ································· 小さじ1（4g）
┌ 卵 ····································· 1個
B 牛乳 ································· 100g
└ 植物油 ······························· 15g
さつまいも ····························· 100g
```

（下準備）

● 卵、牛乳は室温に戻す。

● さつまいもはよく洗い皮付きのまま1cm角に切る。水に2〜3分ほどさらし、水気をきる。耐熱容器に入れてふわりとラップをかけ、電子レンジで3分ほど加熱する。

● 耐熱のプリンカップにグラシンカップを敷く。

● 蒸し器を用意する。

作り方

1 半量のさつまいもをカップに均等に入れる。

2 ポリ袋にAを入れる。袋の口をねじってきっちり閉じ、全体が混ざるようによく振る。

3 しっかり混ぜ合わせたBを半量加え、袋の口をねじってきっちり閉じ、振り混ぜて全体をなじませた後、袋の外側からもみ混ぜる。

4 残りのBを加え、袋の中の空気を抜いて口をねじってきっちり閉じ、全体がなめらかになるまで袋の外側からもみ混ぜる。

5 袋の角をハサミで切り、生地をカップに均等に入れ、残りのさつまいもを均等にのせる。

6 蒸気の上がった蒸し器に並べ、布巾で包んだふたをし、中火で10〜12分蒸す。

保存期間：きっちりとラップをして常温で **1〜2**日

ポイント

プリンカップがない場合は、耐熱のココットや紙製のものを使ってください。

ドーナツ　作り方▶P.84

ココアドーナツ

作り方▶P.85

ドーナツ

調理時間
10〜15分
（揚げる時間を除く）

ころんとしたボール形のドーナツなら、手で丸めるだけなので簡単です！

材料 （10個分）

```
┌ 薄力粉 ·························· 130g
│ きび砂糖 ························ 40g
A ベーキングパウダー
└        ················· 小さじ½（2g）
┌ バター ·························· 10g
B 卵 ································· 1個
└ 牛乳 ····························· 20g
揚げ油 ······························ 適量
粉砂糖 ······························ 適量
```

（下準備）

● バターは溶かしバターにする
  （P.11参照）。

● 卵、牛乳は室温に戻す。

作り方

1 ポリ袋にAを入れる。袋の口をねじってきっちり閉じ、全体が混ざるようによく振る。

2 しっかり混ぜ合わせたBを加え、袋の口をねじってきっちり閉じ、振り混ぜて全体をなじませる。さらに、袋の外側から生地をもみ混ぜながらひとつにまとめる。

3 袋を切り開き、スプーンで生地を⅒量ずつとって手で軽く丸める（ⓐ）。

4 揚げ油を低温（160〜170℃）に熱し、3を入れる。転がしながら色よく揚げ、しっかり油をきる。

5 別のポリ袋に粉砂糖、粗熱がとれたドーナツを入れる。袋の口をねじってきっちり閉じ、全体が混ざるように振る（ⓑ）。

保存期間：密閉容器に入れて常温で1〜2日

ポイント

手で生地を丸めるとき、くっついてやりにくい場合は、生地を袋で包んで冷蔵庫で冷やしたり、薄力粉（分量外）を少量手に付けて丸めましょう。

ココアドーナツ

調理時間
10〜15分
（揚げる時間を除く）

仕上げにココアパウダーをまぶすと、ほどよいビターな味も堪能できます。

材料 （10個分）

- 薄力粉 ……………………… 120g
- きび砂糖 …………………… 50g
- A ココアパウダー ………… 10g
- ベーキングパウダー
  …………………… 小さじ½（2g）
- バター ……………………… 10g
- B 卵 …………………………… 1個
- 牛乳 ………………………… 20g
- 揚げ油 ……………………… 適量
- ココアパウダー（お好みで）
  ……………………………… 適量

（下準備）
- バターは溶かしバターにする（P.11参照）。
- 卵、牛乳は室温に戻す。

作り方

1 ポリ袋にAを入れる。袋の口をねじってきっちり閉じ、全体が混ざるようによく振る。

2 しっかり混ぜ合わせたBを加え、袋の口をねじってきっちり閉じ、振り混ぜて全体をなじませる。さらに、袋の外側から生地をもみ混ぜながらひとつにまとめる。

3 袋を切り開き、スプーンで生地を⅒量ずつとって手で軽く丸める。

4 揚げ油を160〜170℃に熱し、生地を入れる。転がしながら色よく揚げ、しっかり油をきる。

5 お好みで、別のポリ袋にココアパウダー、粗熱がとれたドーナツを入れる。袋の口をねじってきっちり閉じ、全体が混ざるように振る。

保存期間：密閉容器に入れて常温で**1〜2**日

アレンジヒント

仕上げにまぶすココアパウダーは粉砂糖やグラニュー糖にかえてもOKです。

甘食　作り方▶P.88

白玉だんご2種
（プレーン、抹茶） 作り方▶P.89

甘食

素朴な甘さが魅力の甘食。ポリ袋に材料を入れて混ぜ、絞って焼くだけなので、思い立ったときにすぐ作れます。

材料 （5個分）

A
- 薄力粉 ·························· 100g
- きび砂糖 ························· 30g
- ベーキングパウダー
  ······················ 小さじ½（2g）

B
- バター ·························· 10g
- 牛乳 ···························· 10g
- 練乳 ···························· 20g

卵 ································ 1個
植物油 ··························· 適量

（下準備）

● バターは溶かしバターにする（P.11参照）。

● 卵、牛乳は室温に戻す。

● 天板にオーブン用シートを敷く。

● オーブンを180℃に温める。

作り方

1 ポリ袋にAを入れる。袋の口をねじってきっちり閉じ、全体が混ざるようによく振る。

2 しっかり混ぜ合わせたBを加え、袋の口をねじってきっちり閉じ、振り混ぜて全体をなじませる。

3 溶きほぐした卵を加え、袋の中の空気を抜いて口をねじってきっちり閉じ、全体がなめらかになるまで袋の外側からもみ混ぜる。

4 袋の角をハサミで切り、生地を⅕量ずつ天板に山を作るように絞る。植物油をつけたフォークで表面に十字に切り込みを入れる（ⓐ）。

5 180℃のオーブンで10~12分焼く。

保存期間：密閉容器に入れて常温で 2~3日

ポイント

材料Bの練乳がかたくて混ざりにくいときは、湯煎にかけて少し温めるとよいでしょう。

ⓐ

白玉だんご2種（プレーン、抹茶）

白玉粉に豆腐を加えてふんわりなめらかなのどごしに。かたくなりにくいのもうれしいポイントです。

【プレーン】

材料 （12個分）

A ┌ 白玉粉	50g
└ 絹ごし豆腐	60g
水	適宜
粒あん	適量

作り方

1 ポリ袋にAを入れる。袋の中の空気を抜いて口をねじってきっちり閉じ、袋の外側から生地をもみ混ぜながらひとつにまとめる。

2 まとまらないときは水を少しずつ（小さじ½〜）加え、もみ混ぜながらひとつにまとめる。

3 袋をハサミで切り開き、生地を袋ではさみ、手で押しのばして半分に折る。向きを変え、同じようにのばして半分に折るをくり返し、生地をなめらかにする。

4 12等分して丸め、中央をくぼませて平らにする。

5 鍋に湯を沸かし、沸騰したら白玉を入れる。浮き上がったら、弱火にして1分ほどゆで、冷水にとって冷やす。

6 白玉の水気をしっかりきって器に盛り、粒あんを添える。

【抹茶】

材料 （12個分）

A ┌ 白玉粉	50g
└ 抹茶	2g
絹ごし豆腐	60g
水	適宜
きな粉・黒蜜	各適量

作り方

1 ポリ袋にAを入れる。袋の口をねじってきっちり閉じ、全体が混ざるようによく振る。

2 豆腐を加え、袋の中の空気を抜いて口をねじってきっちり閉じ、袋の外側から生地をもみ混ぜながらひとつにまとめる。

3 まとまらないときは水を少しずつ（小さじ½〜）加え、もみ混ぜながらひとつにまとめる。

4 袋をハサミで切り開き、生地を袋ではさみ、手で押しのばして半分に折る。向きを変え、同じようにのばして半分に折るをくり返し、生地をなめらかにする。

5 12等分して丸め、中央をくぼませて平らにする。

6 鍋に湯を沸かし、沸騰したら白玉を入れる。浮き上がったら、弱火にして1分ほどゆで、冷水にとって冷やす。

7 白玉の水気をしっかりきって器に盛り、きな粉と黒蜜をかける。

Part 5

冷たいデザート

ジッパー付き保存袋を使って、混ぜて冷凍するだけのひんやりおやつ。暑い季節にぴったりです。

フローズンヨーグルト

作り方 ▶ P.92

甘酒シャーベット

作り方▶P.93

フローズンヨーグルト

調理時間
5〜10分
（凍らせる時間を除く）

しっかりもみ混ぜることで、なめらかでクリーミーなアイスデザートに仕上がります。ミントを添えてさわやかに。

材料 （作りやすい分量）

プレーンヨーグルト（無糖）
.... 400g
はちみつ 40g
生クリームまたは牛乳 30g
ミント（あれば）...................... 適宜

（下準備）
● プレーンヨーグルトは半量くらいになるまで水きりする。

作り方

1 ミント以外の材料をジッパー付き保存袋に入れる。

2 袋の中の空気を抜いて袋の口をねじってきっちり閉じ、全体がなめらかになるまで袋の外側からもみ混ぜる（ⓐ）。

3 バットにのせて平らにし、空気を抜いてジッパーを閉じ、冷凍庫で凍らせる（ⓑ）。

4 かたまりかけたらとり出し、袋の外側から全体がなめらかになるまでもみ混ぜる。

5 もう一度バットにのせて平らにし、冷凍庫で凍らせる。

6 器に盛り、あればミントを添える。

保存期間：保存袋のまま冷凍庫で **2** 週間

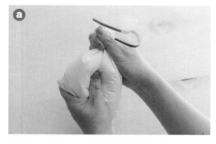

ポイント

＊ヨーグルトの水きりの仕方
ボウルにザルをのせてキッチンペーパーを敷き、ヨーグルトをのせてラップをし、冷蔵庫で3〜4時間おきます。

甘酒シャーベット

調理時間
5〜10分
（凍らせる時間を除く）

ピリッとしたしょうがのからみがアクセント。甘みが足りないときはお好みではちみつをプラスして。

材料 （作りやすい分量）

甘酒 ……………………………… 150g
無調整豆乳 …………………… 100g
しょうが（絞り汁／お好みで）
　　……………………………… 10g

作り方

1 すべての材料をジッパー付き保存袋に入れる。

2 袋の中の空気を抜いて袋の口をねじってきっちり閉じ、全体がなめらかになるまで袋の外側からもみ混ぜる。

3 バットにのせて平らにし、空気を抜いてジッパーを閉じ、冷凍庫で凍らせる。

4 かたまりかけたらとり出し、袋の外側から全体がなめらかになるまでもみ混ぜる。

5 もう一度バットにのせて平らにし、冷凍庫で凍らせる。

保存期間：保存袋のまま冷凍庫で**2**週間

冷たいデザートのアレンジヒント

フローズンヨーグルト（P.92）には細かく切ったお好みのドライフルーツ（クランベリー、マンゴーなど）を混ぜたり、バナナアイス（P.94）にはレモン汁のかわりに板チョコレートやココアクッキーを砕いて混ぜたりしても。また、甘酒シャーベットやあずきアイス（P.95）にはきな粉や抹茶を振りかけてもおいしくいただけます。お好みの食材を組み合わせて楽しんでくださいね。

バナナアイス

調理時間
5~10分
（凍らせる時間を除く）

バナナはかたまりを残すと食感の違いが楽しめます。

材料 （作りやすい分量）

バナナ（熟したもの）
……………………… 1本（100g）
はちみつ ……………………… 35g
生クリームまたは牛乳 ……… 200g
レモン汁 ……………………… 5g

（下準備）
● バナナは2～3cm幅の輪切りにする。

保存期間：保存袋のまま
冷凍庫で**2**週間

作り方

1 すべての材料をジッパー付き保存袋に入れる。

2 袋の中の空気を抜いて袋の口をねじってきっちり閉じ、全体がなめらかになるまで袋の外側からもみ混ぜる（バナナのかたまりが残っていてもよい）。

3 バットにのせて平らにし、空気を抜いてジッパーを閉じ、冷凍庫で凍らせる。

4 かたまりかけたらとり出し、袋の外側から全体がなめらかになるまでもみ混ぜる。

5 もう一度バットにのせて平らにし、冷凍庫で凍らせる。

あずきアイス

調理時間
5~10分
（凍らせる時間を除く）

生クリームはクリーミーに、牛乳は少しシャリッとした食感になります。
お好みでどうぞ。

材料 （作りやすい分量）

粒あん ……………………………… 120g
生クリームまたは牛乳 ……… 100g

保存期間：保存袋のまま
冷凍庫で**2**週間

作り方

1 すべての材料をジッパー付き保存袋に入れる。

2 袋の中の空気を抜いて袋の口をねじってきっちり閉じ、全体がなめらかになるまで袋の外側からもみ混ぜる（あずきの粒が残っていてもよい）。

3 バットにのせて平らにし、空気を抜いてジッパーを閉じ、冷凍庫で凍らせる。

4 かたまりかけたらとり出し、袋の外側から全体がなめらかになるまでもみ混ぜる。

5 もう一度バットにのせて平らにし、冷凍庫で凍らせる。

〈著者紹介〉
だいぼうかおり

料理家、スタイリスト。イギリス留学を経て編集者に。料理ページを担当したことを
きっかけにフードコーディネーターに師事。多くの広告、カタログ撮影、レシピ開発
に携わる。子どものころからの食への探求心は止むことなく、現在も日々研究中。主
な著書に『いただきます！まで35分 毎日食べたい電子レンジの「もちふわ」パン』『こ
んなに使える！ 魔法の「ホットケーキミックス」アレンジ74』（以上、PHP研究所）
などがある。

Staff
撮影　大坊 崇（igotta）
スタイリング　だいぼうかおり
調理アシスタント　松田智香
装丁　朝田春未
イラスト　omiso
校正　株式会社ぷれす
本文デザイン・組版　朝日メディアインターナショナル株式会社

食べたくなったらすぐできる！
「ポリ袋」で簡単おやつ

2023年5月8日　第1版第1刷発行
2024年7月26日　第1版第9刷発行

著　者　だいぼうかおり
発行者　村上雅基
発行所　株式会社PHP研究所
　　　　京都本部　〒601-8411　京都市南区西九条北ノ内町11
　　　　〔内容のお問い合わせは〕暮らしデザイン出版部 ☎075-681-8732
　　　　〔購入のお問い合わせは〕普　及　グ　ル　ー　プ ☎075-681-8818
印刷所　大日本印刷株式会社